용돈 박사 재인이 이번엔 경제다!

황지영 박미진 장지영 글·이창희 그림

# 나의 경제 일기

## 추천사

누구나 경제생활을 하면서도 경제에 대한 이해가 부족한 초역전 시대에 좋은 경제 교육 도서가 나왔다. 만화 일기 형태를 빌려 초등학교 어린이에게 읽히기 쉽게 만들어진 책이다.

시장 경제는 어떻게 움직이나, 가격과 가치는 무엇이 다른가, 저축과 투자는 왜 필요한가, 기업이 돈을 버는 원리는 무엇인가 등 어린이에게 필요한 경제 지식이 알차게 정리되어 있다.

이 책이 특히 눈에 띄는 점은 경제 교육 전문 강사들이 현장에서 깨우친 교육 경험을 생생하게 녹여 낸 결과이기 때문이다. 부디 이 책이 우리 알파 세대 경제 교육에 생생하게 기여하기 바란다.

**– 천규승 경제학 박사, 미래경제교육네트워크 회장, 전 한국금융교육학회 회장**

우리 삶은 경제적 선택의 연속이라고 할 수 있습니다. 이러한 선택을 합리적이고 건전하게 하여 넉넉한 삶을 영위할 수 있도록 도와주자는 것이 바로 경제 교육입니다. 작게는 용돈 교육부터, 크게는 시장의 메커니즘과 작동 원리를 이해함으로써 합리적이고 지혜로운 경제생활을 하도록 돕는 경제 교육이야말로 우리 사회를 건전하고 풍요롭게 합니다.

이 책은 경제 교육의 최전선에서 활동하는 전문 강사의 노하우가 담겨 있어, 올바른 경제관을 기르기에 더없이 좋은 책입니다. 용돈을 관리하는 1권에 이어, 투자와 금융 공부를 통해 경제 세계관을 넓힌다는 점이 매우 인상 깊습니다. 경제 교육이 추구하는 과정을 책으로 그대로 구현했기 때문입니다. 많은 어린이가 읽고 경제적으로 건전하고 풍요로운 미래를 그려 보기 바랍니다.
**– 이옥원** 전국지역경제교육센터협의회장

경제 방송 프로그램을 제작하면서 다양한 시청자를 만나게 되는데, 젊은 시청자들의 경제 리터러시가 생각보다 낮다는 점에 당황하곤 합니다. 수능에서도 경제를 선택하는 학생들이 시간이 갈수록 줄어들고 있다고 합니다. 경제에 대한 공부가 부족한 상황에서 분위기에 휩쓸려 주식이나 가상 자산 투자에 무분별하게 뛰어드는 청춘들을 보면서 아슬아슬하다고 느낍니다. 이 책은 경제 공부는 어려운 것이라는 선입견을 깰 수 있도록 생활 속 주제를 재미있는 삽화와 쉬운 설명으로 녹여 내고 있습니다. 가정에서도 학교 현장에서도 교보재로 활용하면 좋을 것 같습니다.
**– 배상훈** 연합뉴스경제TV 본부장

## 현명한 선택에 필요한 경제 감각을 키워요

　간식을 사려는데 용돈이 1000원밖에 없다면? 떡볶이, 슬러시, 닭꼬치 중에서 딱 하나만 '선택'을 해야 합니다. 다 먹고 싶은데 말이에요. 용돈이 2000원이라면 두 개를 고를 수 있습니다. 생각만 해도 기분이 좋아지지요?

　누구나 살아가면서 수많은 '선택'을 해야 해요. 그럴 때 경제적으로 여유로우면 선택 폭이 넓어져요. 2000원으로 간식 두 종류를 고를 수 있는 것처럼요. 하지만 1000원이 저절로 2000원으로 늘어나지는 않아요.

　닭꼬치를 사서 맛있게 먹으면 1000원이 몽땅 없어질 테고, 돼지 저금통에 넣어 놓으면 1000원 그대로 남을 테고, 은행에 맡기면 이자가 붙어서 1100원으로 늘어납니다. 어떤 '선택'을 하느냐에 따라서 1000원이 줄기도 하고 늘기도 하는군요.

　아마 누구라도 돈이 늘어나는 '현명한 선택'을 하기 바랄 겁니다. 그렇지만 누구나 그럴 수 있는 건 아니에요. 경제가 어떻게 돌아가는지 파악하는 능력, 즉 경제 감각을 갖춘 사람만 할 수 있어요.

이 책에 돈의 흐름을 파악하고 경제 감각을 기르는 데 필요한 이야기들을 꾹꾹 눌러 담았습니다. 《나의 용돈 일기》를 읽은 친구들한테는 그동안 모은 용돈의 가치를 지키고 키우는 데 도움이 될 거예요. 읽지 않는 친구들도 괜찮아요. 이 책을 읽기로 결정한 걸 보면, 현명한 선택을 할 자질이 충분하니까요.

경제 박사에 도전한 여러분을 응원합니다.

황지영, 박미진, 장지영

## 차례

추천사 · 4

**작가의 말** 현명한 선택에 필요한 경제 감각을 키워요 · 6

1. 치킨값이 올랐어요! · 10

2. 돈에 가치가 있다고? · 16

3. 내 돈의 가치를 지킬래요 · 24

4. 어디에 얼마를 투자할까? · 30

5. 은행에 맡기면 · 38

6. 은행은 어떻게 돈을 벌어요? · 44

7. 주식을 살래요 · 50

8. 기업은 어떻게 돈을 벌어요? · 60

9. 나도 기업가가 될래요 · 66

10. 무역 때문에 주식이 올랐다고? · 74

11. 환율 때문에 주식이 떨어졌다고? · 80

12. 경쟁사가 나타났어요 · 88

13. 나의 투자는 성공했을까? · 96

14. 세금을 내라고요? · 104

15. 나도 경제 박사 · 110

# 1. 치킨값이 올랐어요!

물건이나 서비스에는 그 가치에 맞는 **가격**이 정해져 있어.

**치킨
2만 3000원**

**과자
1700원**

**병원 진료비
5500원**

**머리 자르고
내는 비용 2만 원**

가격은 오르기도 하고 내리기도 해.
여름에 비가 많이 오고, 태풍이 오는 바람에 과수원에서 사과가 잔뜩 떨어졌다고 해 봐. 그러면 사과 가격이 올라.

가을에 수확한 사과는 얼마 안 되는데
너도나도 사려고 하니까, 사과값을
비싸게 매겨도 잘 팔리기 때문이지.

반대로 날씨가 좋아서 사과 수확량이
늘면 가격이 내려가.

여러 가지 상품의 가격을 아울러서 **물가**라고 해.
사과 풍년이 들었을 때처럼 드물게 물가가 내려가기도 하지만 보통 물가는 시간이 지날수록 올라.

최근에 치킨값이 얼마나 올랐는지 살펴볼까?

2018년 1만 5000원 하던 치킨값이 2023년에는 2만 2000원으로 올랐어. 2만 원으로 치킨 한 마리 시켜 먹고 5000원이 남았던 2018년과 비교하면, 지금은 2만 원으로도 치킨 한 마리를 사 먹을 수 없게 된 거야.

다른 상품 가격은 어떻게 변했는지 살펴볼까?

이렇게 물가가 오르면 같은 돈으로 살 수 있는 것들이 줄어. 2003년에는 1만 원짜리 한 장으로 영화표와 팝콘을 샀지만 2023년에는 영화표도 못 사잖아.
이럴 때 **"돈의 가치가 떨어졌다."** 라고 해. 가치는 어떤 사물이 지니고 있는 쓸모를 가리키는 말이야. 그러니까 돈의 가치가 떨어졌다는 건 같은 돈으로 할 수 있는 일이 줄어들었단 뜻이지.

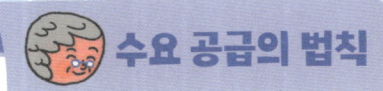 **수요 공급의 법칙**

잠깐, 가격이 어떻게 결정되는지 그래프로 공부 좀 해 볼까?

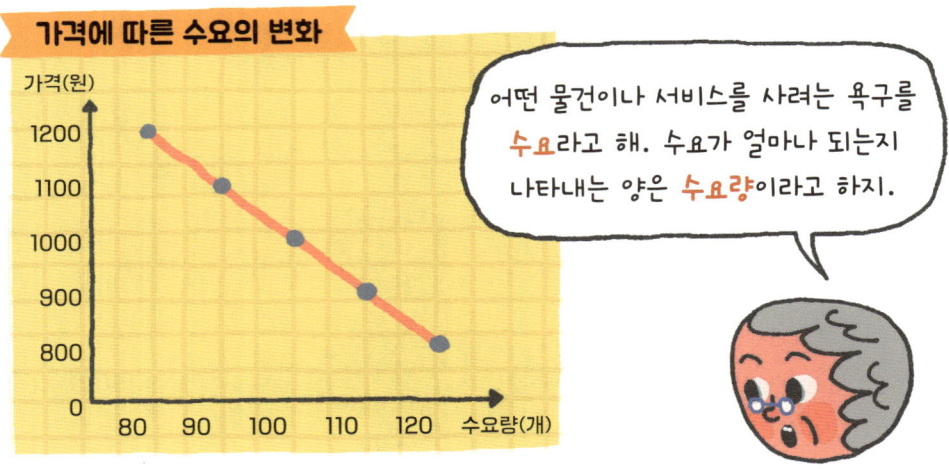

한 물건의 수요량은 가격에 따라서 변해.

가격이 비싸면 수요량이 줄고, 가격이 싸면 수요량이 늘어나.

 붕어빵 가격이 오르면 사 먹으려는 사람이 줄어들고, 가격이 내리면 사 먹으려는 사람이 늘어난다, 이렇게 생각하면 돼.

이번에는 이 그래프를 볼까?

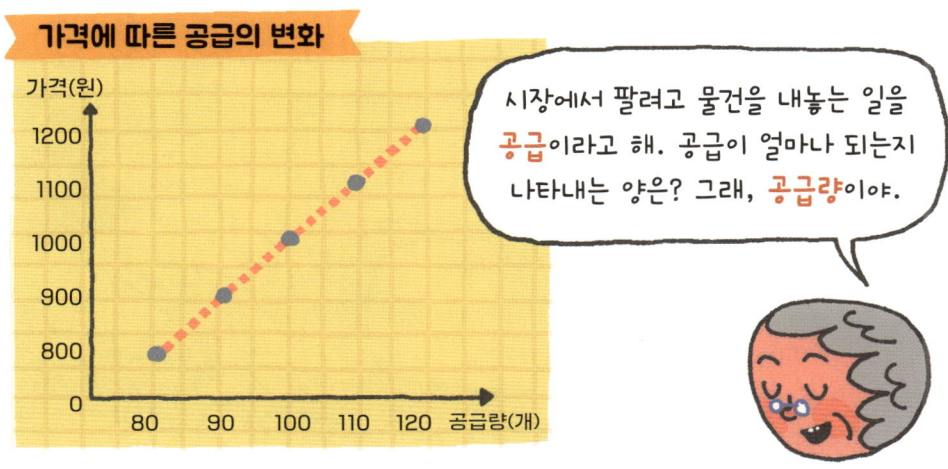

이 그래프는 가격에 따라서 공급량이 어떻게 변하는지 보여 줘.

붕어빵 가격이 오르면 붕어빵 장수가 늘어난다, 이렇게 생각하면 돼.

그럼 붕어빵 가격은 어떻게 결정될까? 두 그래프를 겹쳐 볼까?

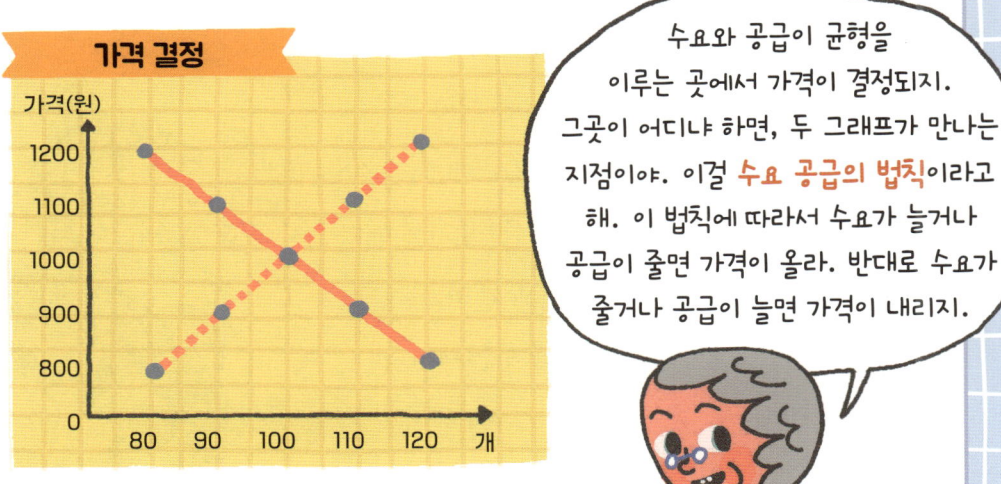

## 2. 돈에 가치가 있다고?

학교 끝나고 할머니 댁에 갔다. 할머니가 치킨을 시켜 주신다고 했다.
하지만 나는 치킨 먹을 기분이 아니었다.
할머니한테 어제 도둑맞은 3000원에 대해 이야기했다.
할머니는 내 돈의 가치를 지키려면 투자를 해야 한다고 하셨다.
돈의 가치? 그게 뭐지? 투자는 또 뭘까?
돈의 가치가 무엇이기에 투자를 하면서까지
지켜야 한다는 건지 모르겠다.

1만 원짜리 한 장을 만드는 데 200원쯤 들어. 그러니까 200원짜리 종이로 1만 원어치 물건이나 서비스를 사는 거지.

어떻게 이런 일이 가능할까?

우리나라 사람들끼리 약속을 했어. 한국은행에서 찍어 낸 돈을 그 액수만큼의 물건이나 서비스와 바꾸자고 말이야.

예를 들어, 1만 원짜리 지폐를 내면 사과 3개나 오이 10개, 또는 생닭 한 마리와 바꿀 수 있어.

이게 1만 원의 쓸모, 1만 원의 가치야.

이렇게 말할 수도 있지. **돈의 가치**란 그 돈으로 살 수 있는 물건과 서비스의 양이야.

그런데 돈은 가만히 두면 가치가 떨어져.
물가가 점점 오르니까 1만 원으로
할 수 있는 것이 점점 줄어들기
때문이야. 그럼 돈의 가치가 떨어지지
않게 지키는 방법은 없을까?

필요한 물건을 미리 사 두는 방법이 있어.
그러면 1년 뒤에 그 물건값이 올라도 돈의 가치가 떨어져서 생기는
손해를 피할 수 있지.
그렇다고 아무 물건이나 사 둘 수는 없어.
예를 들어, 치킨을 가격이 오르기 전에 잔뜩 사 두면 어떻게 될까?

치킨이 모두 상해서 오히려 손해를 보겠지.

그렇다면, 어떤 물건을 사 두어야 할까?

시간이 지나도 상하지 않고 가치도 크게 변하지 않는 물건을 사야 해.

옛날부터 사람들은 금 같은 귀금속을 사 두었어.

그러면 돈의 가치가 떨어질 걱정을 할 필요가 없고, 몇 년 뒤에

금값이 오르면 추가로 이익을 볼 수도 있었어.

돈의 가치를 지키는 데 만족하지 않고 더 많은 돈을 버는 방법도

있어. 어떻게 그럴 수 있냐고? 옛날이야기를 하나 들려줄게.

몇백 년 전, 유럽 사람들은 인도에서 후추를 수입해서 팔았어.

후추가 인기가 많아서 큰돈을 벌 수 있는 사업이었지.

후추를 수입하려면 인도까지 배를 보내서 실어 와야 했어.

혼자서는 감당하기 힘들 만큼 큰돈이 들어갔지.

그래서 여러 사람이 모여 돈을 모아서 배를 보냈어. 그 배가 무사히 돌아오면 후추를 팔아 번 돈을 나누어 가졌지.
이 사업에 돈을 댄 사람들은 자기가 낸 것보다 훨씬 더 많은 돈을 벌었어.

돈의 가치를 지키거나 더 큰 이익을 보려고 물건을 사거나 사업에 돈을 대는 일이 바로 할머니가 말한 **투자**야.

당장 투자를 하고 싶다고? 이왕이면 큰돈을 버는 사업에 돈을 대고 싶다고? 다시 후추 사업 이야기를 해 줄게.

유럽 항구에서 출발한 배는 아프리카 대륙을 빙 돌아서 인도로 항해했어. 항해 중에 폭풍을 만나 배가 침몰하는 일이 드물지 않게 일어났지. 유럽으로 돌아오다가 해적을 만나면 귀한 후추를 몽땅 빼앗기기도 했고. 이런 일이 생기면 돈을 벌기는커녕 왕창 손해를 봤어.

이렇게 투자는 돈으로 돈을 버는 좋은 방법이지만 손해를 볼 수도 있어. 그래서 투자를 잘하려면 공부가 필요해.

그렇다고 너무 걱정하지는 마. 구더기 무서워 장 못 담글까, 구더기를 막을 방법을 찾으면 돼!

# 3. 내 돈의 가치를 지킬래요

할머니 말씀처럼 실제로 투자한 돈을 잃을 수도 있어. 투자했다가 잃은 돈은 누구더러 물어내라고 할 수도 없지. 그러니까 투자 결과에 대한 책임은 투자한 사람이 져야 한다는 걸 꼭 기억해!

 똑같은 돈을 투자해도 어디에 투자하느냐에 따라서 버는 돈이 달라질 수 있어.
돈을 많이 벌 가능성이 크면, 그만큼 손해를 볼 가능성도 커. 돈을 많이 벌려면 큰 손해를 볼 위험도 감수해야 하는 거지.

어떤 사람은 큰 위험을 안고 큰돈을 벌려고 투자하고, 어떤 사람은 큰돈을 못 벌어도 손해를 적게 보는 방법을 선택해.

다른 사람들이 어떻게 투자했는지 알려 줄 테니까 잘 살펴보고 어디에 어떻게 투자할지 생각해 봐.

## 다른 친구들은 어떻게 투자할까?

**정기 예금**

**진용이는 자기가 모은 돈을 은행 정기 예금에 넣어 두었어.**

은행에 10만 원을 1년 동안 맡기고 이자로 맡긴 돈의 5%를 받기로 했지.

1년이 지나면 진용이 돈은
10만 원 + 이자 5000원 = 10만 5000원으로 늘어나.

은행 직원이 은행이 망해도 나라에서 돈을 되돌려준다고 했어.
진용이는 돈을 잃을 걱정이 없다는 점이 마음에 들었어.
안심이 되어서 좋은데 5000원밖에 못 버는 게 좀 아쉽대.

**주식**

**민준이는 주식에 투자했어.**

주식은 후추 수입 사업에 돈을 대는 것과 비슷해.
회사에 돈을 투자하면 그 회사가 돈을 받았다는 증거로 투자한 사람한테 주는 문서가 **주식**이야.
민준이는 게임을 만드는 회사 주식을 샀지.
10만 원으로 하나에 1만 원짜리 주식 10장을 샀어.
많은 사람이 투자한 덕분에 게임 회사는 새 게임을 만들어 출시해서 큰돈을 벌었어.

### 1년 뒤, 게임 회사에서 민준이한테 5000원을 줬어.

회사 수익을 주식을 가진 **주주**들에게 나눠 주는 **배당금**을 받은 거지.
주식 가격도 한 주에 1만 원에서 1만 2000원으로 올랐어.
민준이는 자기 주식 10주를 팔아서 12만 원을 받았어.
주식을 샀다가 팔아서 2만 원을 번 거야.

민준이가 1년 동안 주식에 투자해서 번 돈은
배당금 5000원 + 주식을 팔아서 번 돈 2만 원
= 2만 5000원이야.

은행에 돈을 예금했던 진용이보다 5배나 많이 벌었어.
예금보다는 주식 투자가 더 좋은 방법 같지?
꼭 그렇지는 않아.

### 민준이가 주식을 판 뒤에 게임에서 버그가 발견되었어.

그 바람에 게임의 인기가 떨어졌고,
주식 가격도 7000원으로 내려갔어.
민준이가 주식을 가지고 있었다면 3만 원이나
손해를 보았겠지.
이렇게 주식 투자는 돈을 많이 벌 수도 있고,
큰 손해를 볼 수도 있어.
돈을 많이 벌려면 큰 손해를 볼 위험도
감수해야 하는 거지.

### 채권

**재인이 할머니는 채권에 투자했어.**

**채권**은 정부, 공공 기관, 회사에서 사람들에게 돈을 빌리고
그 사실을 증명하는 뜻으로 주는 문서야.
채권에는 빌린 돈의 액수, 빌리는 기간, 이자율이 적혀 있어.
10만 원을 1년 동안 이자율 6%로 빌리는 채권을 사면
1년 뒤에는 10만 6000원을 돌려받을 수 있지.

재인이 할머니는 주식에 투자했다가 큰 손해를 본 적이 있어.
그래서 주식보다 안전한 채권에 투자하기로 한 거야.
돈을 빌린 쪽이 망하면 투자한 돈을 돌려받지 못할 수도 있어.
그런데 왜 채권이 주식보다 안전하냐고?
정부나 공공 기관이 망하는 일은 거의 없고
튼튼한 회사만 채권을 발행해서 돈을 빌릴 수 있기 때문이지.

**가치 있는 물건**

**진용이 아빠는 얼마 전에
젊은 화가의 그림에 투자했어.**

나중에 그 화가가 유명해졌을 때 그림을 비싸게 팔아서 수익을 보려는 거지. 금 같은 귀금속, 땅이나 집에 투자하는 것도 같은 기대를 하는 거야.
내가 산 가격보다 더 비싸게 팔면 그만큼 이득이 생겨.
물론, 기대와는 반대로 가격이 떨어져 손해를 볼 수도 있어.

어디에 투자할지 마음을 정하는 게 여전히 어렵지?
손해를 보기는 싫지만 큰 수익을 남기고 싶기도 하고 그럴 거야.
먼저 투자 목표를 정하고 목표에 맞는 투자 방법을 함께 찾아보자.

# 4. 어디에 얼마를 투자할까?

### 1. 투자 금액 정하기

투자해서 돈을 버는 데는 오랜 시간이 필요해. 그러니까 당장 써야 할 돈으로는 투자를 하면 안 돼. 지금 당장 쓰지 않아도 되는 여윳돈으로 투자를 시작해야겠지?

재인이는 지금까지 모아 둔 12만 원에 세뱃돈 20만 원, 부모님께 맡겼던 돈 58만 원을 합해서 80만 원을 투자하기로 결정했어.

### 2. 투자 목표 정하기

재인이는 엄마가 물려준 휴대전화를 쓰고 있어. 3년 뒤, 중학교에 들어갈 때 최신형 스마트폰을 사는 게 재인이 목표야.

목표 금액은 가장 최근에 출시된 스마트폰 가격인 96만 원으로 정했어. 혹시 스마트폰을 살 때 돈이 부족하면 엄마가 도와주기로 약속하셨어.

## 3. 투자 종목 및 금액 정하기

### 1) 정기 예금

재인이는 열심히 모은 80만 원을 잃고 싶지 않아. 그래서 안정적인 투자를 하기로 했지.

할머니는 정기 예금에 가진 돈의 50%를 맡겨 두라고 하셨어.

정기 예금에 돈을 맡겨 두면 정해진 이자만큼 수익이 생겨. 이자가 높지 않아서 수익이 많이 생기지는 않지만 원금, 즉 예금한 돈을 잃을 걱정은 없어.

### 2) 주식

재인이는 나머지 40만 원은 주식에 투자하기로 했어.

정기 예금보다 더 큰 이익을 얻고 싶어서 그런 거야. 하지만 주식에 투자하면 손해를 볼 수도 있지. 그걸 막으려면 투자할 기업에 대해 잘 알아야 하는데, 재인이가 알기는 어려워.

할머니는 망할 위험이 적은 큰 회사 주식을 사는 게 좋다고 하셨어. 또, 한 회사가 아니라 여러 회사 주식을 사자고 하셨어.

재인이가 할머니와 함께 투자 계획을 세웠어.

그걸 투자 계획서로 정리했는데, 함께 살펴볼까?

> 투자해서 얻은 이익을 **수익**이라고 해. **수익률**은 투자한 돈과 투자해서 얻은 수익의 비율이야. 1만 원을 투자해서 1000원을 벌었으면 수익률은 10%란다.

## 재인이의 투자 계획서

**투자 금액**: 800,000원

**투자 목표**: 스마트폰 960,000원(20% 수익률)

**투자로 벌어야 하는 금액**: 160,000원

**투자 기간**: 3년

### 투자 방법

#### 1. 정기 예금: 400,000원 / 이자율 4.5%

① 1년 뒤 받을 이자: 400,000 × 4.5% = 18,000원
② 3년 동안 넣어 둘 때: 원금 400,000원 + 총이자 54,000원 = 454,000원
③ 1년 뒤에 다시 정기 예금에 넣을지 다른 곳에 투자할지 결정한다.

#### 2. 주식 투자: 400,000원

① 주식 투자로 벌어야 할 돈: 160,000원 − 54,000원 = 106,000원
② 주식 투자 목표 수익률: 26.5%
③ 어떤 회사 주식을 살지는 할머니의 도움을 받아서 선택한다.
④ 주식 가격을 살펴보며 언제 팔지 결정한다. 할머니와 의논하기 필수!

### 나만의 투자 규칙

* 주식 배당금으로 받은 돈은 다시 투자하기
* 매달 마지막 날에 주식 가격 확인하고, 투자 노트 작성하기
* 투자한 회사 뉴스를 찾아보고, 특별한 소식이 있는 경우 할머니와 투자 조정하기
* 목표 수익률을 달성하면, 욕심내지 않고 주식 팔기
* 주식 가격에 기분이 왔다 갔다 하지 않기

## 이렇게 투자하자

### 1. 오랫동안 투자하자!

몇 년 동안 주식 가격이 어떻게 변했는지 나타낸 그래프야. 몇 년이 지나는 동안 주식 가격은 분명히 올랐지만, 짧은 기간을 살펴보면 주식 가격이 오르락내리락했어.

오랫동안 투자한 사람이라면 주식 가격이 중간에 내렸어도 결국 이익을 얻었겠지? 투자 전문가들이 장기적으로, 그러니까 오랫동안 투자하라고 말하는 이유가 바로 여기에 있단다.

## 2. 나누어 투자하자!

재인이가 세 가지 주식에 투자했다고 해 보자. 혹시 한 주식 가격이 떨어져 손해를 보더라도 나머지 주식 가격이 오르면 그 손해를 메울 수 있어. 그러니까 분산 투자, 즉 돈을 여러 곳에 나누어서 투자해야 해.

## 3. 내 투자로 응원하자

재인이는 지구 환경을 지키는 일에 관심이 많아서, 친환경 재료로 옷을 만드는 회사 주식을 사려고 해. 투자로 친환경 의류 회사를 응원하려는 거지. 재인이처럼 투자로 더 좋은 세상을 만드는 데 도움을 줄 수 있어.

물론, 그렇게 할 때에도 그 회사가 튼튼한지 앞으로도 꾸준히 성장할 것인지 꼼꼼하게 따져 보아야 해.

# 5. 은행에 맡기면

| 1월 29일 월요일 | 오늘의 기분 😊 😑 😢 😠 |

오늘은 할머니와 정기 예금 계좌를 만들었다.

은행에 가기 전에 인터넷으로 은행 금리를 비교하고, 가장 금리가 높은 은행을 선택했다.

은행마다 금리가 달라서 고르는 데 한참 걸렸다. 할머니와 함께 우리가 고른 정기 예금 상품이 있는 은행에 갔다.

번호표를 뽑고 기다리는 동안 조금 떨렸다.

내 차례가 되어 통장을 만들고 40만 원을 입금했다.

'400,000원'이 찍힌 통장을 보니 마음이 뿌듯하다.

돈을 돼지 저금통에 넣어 본 적 있니?
눈에 보이니 자꾸 꺼내 쓰고 싶었을 거야. 누가 돼지 저금통을 훔쳐 가지는 않을까 걱정도 되고.

그래서 우린 돼지 저금통 대신 안전한 금융 회사인 은행에 돈을 맡겨.
그러면 돼지 저금통에 넣었을 때보다는 돈을 꺼내 쓰고 싶은 마음이 덜 생겨.

혹시라도 누가 몰래 내 돈을 꺼내 갈 수도 없지. 은행에 저축한 돈은 통장 비밀번호를 알아야만 찾을 수 있으니까.
그런데 말이야, 만약 은행이 망하거나 도둑이 들면 내 돈은 어떻게 될까?

혹시 그런 일이 생겨도 **예금자 보호 제도**가 있으니까 안심해도 돼.
이 제도는 저축한 원금과 이자를 포함해서 최고 5000만 원까지
보호해 줘. 한 은행에 저축한 돈과 이자가 5000만 원을 넘지
않는다면 모두 돌려받을 수 있어.

이뿐만이 아니야. 은행에 저축을 하면 이자를 받을 수 있어.
은행은 재인이가 맡긴 돈을 다른 데 쓰기도 해. 은행이 재인이한테
돈을 빌린 셈이지.
은행은 그 대가로 재인이한테 돈을 줘. 그걸 **이자**라고 하는데,
재인이가 일기에서 쓴 **금리**는 이자를 주는 비율을 말해.
금리가 높으면 이자를 많이 받을 수 있지. 은행에 저축을 하면 돈을
안전하게 보관할 수 있고, 이자까지 받으니 일석이조야.

재인이가 돈을 모으기 위해 한 달에 1만 원씩 1년 동안 은행에 저축했어. 1년 뒤에는 12만 원이 모였고 은행에서 주는 이자도 받았어. 이건 **정기 적금**이야.

재인이는 정기 적금으로 모은 돈을 다시 은행에 1년 동안 저축하기로 했어. 다달이 돈을 더 넣지 않고, 12만 원을 1년 동안 찾지 않기로 했지. 이건 **정기 예금**이야.

투자 계획을 세울 때 재인이는 40만 원을 정기 예금에 넣기로 했어. 재인이가 1년 뒤에 받을 이자는 4.5%지. 이게 얼마인지 계산해 볼까?

> 1년 뒤 받을 이자: 400,000 × 4.5% = 18,000원

40만 원을 3년 동안 정기 예금에 넣어 두면,
1만 8000원 × 3년 = 5만 4000원을 벌 수 있어.

만약 이자가 5%라면 재인이가 받을 돈은 어떻게 변할까?

> 1년 뒤 받을 이자: 400,000 × 5% = 20,000원

이자율이 달라지니까 1년 뒤에 2000원을 더 받게 되었어.
겨우 2000원이라고 무시해도 될 거 같아? 그렇지 않아.

만약 정기 예금에 맡길 돈이 1억 원이라고 해 봐.

> 4.5%일 때 1년 뒤 받을 이자: 1억 원 × 4.5% = 450만 원
> 5%일 때 1년 뒤 받을 이자: 1억 원 × 5% = 500만 원

50만 원이나 차이가 나. 이제 무시할 수 없겠지?

실제로 은행마다 정기 예금 이자율이 조금씩 달라. 현명한 투자자라면 이자율을 꼼꼼하게 비교해 보고, 가장 많은 이자를 받을 수 있는 정기 예금을 선택해야 해.

# 6. 은행은 어떻게 돈을 벌어요?

2월 6일 화요일    오늘의 기분

나에게 이렇게 큰돈이 들어 있는 통장이 생기다니!

정기 예금 통장은 이자도 많이 쌓인다고 했으니까 너무 기대된다.

이자가 얼마나 쌓일까? 가만히 있어도 돈을 버는 기분이다.

그런데… 은행은 무슨 돈으로 이자를 주는 걸까?

이렇게 이자를 팍팍 주면 은행이 혹시 망하는 건 아닐까?

그럼 내 돈은 어떻게 되지?

혹시… 은행이 내가 저축한 돈을 다른 사람에게 이자로 주는 건 아니겠지?

은행이 무슨 돈으로 이자를 주는지 알아봐야겠다!

은행은 어떻게 우리에게 이자를 줄까?

은행은 우리가 저축한 돈을 금고 속에 꼭꼭 숨겨 놓고 보관만 하지 않아. 우리가 저축한 돈의 일부를 필요한 사람이나 회사에 빌려주지.

이런 걸 **대출**이라고 해.

은행에서 돈을 대출해 가면 은행에 이자를 내야 해.

은행은 대출 이자를 받아서 돈을 맡긴 사람에게 저축 이자를 줘.

은행은 이렇게 여윳돈이 있어서 저축한 사람과

돈이 필요해서 대출하는 사람을 연결해 줘.

덕분에 우리 사회에 돈이 잘 돌 수 있게 되는 거야.

그런데 은행은 돈을 어떻게 버냐고?

은행은 대출 이자와 저축 이자의 차이만큼 돈을 벌어.

예를 들어, 100만 원을 대출한 사람한테는 3만 원을 이자로 받고, 100만 원을 저축한 사람한테는 2만 원을 주는 식이지.

대출 이자 3만 원 - 저축 이자 2만 원 = 은행 수익 1만 원

이것 말고도 신용카드 , 펀드 , 보험  등 여러 금융 상품을 판매해서 돈을 벌기도 해.
또 환전할 때, 다른 은행으로 돈을 보낼 때 수수료 를 받아서 돈을 벌어.

이밖에도 은행은 사람들에게 생활에 편리한 여러 서비스를 제공하고 그 대가로 돈을 받아. 서비스 안에 수수료가 포함되어서 우리가 잘 모를 뿐이야.

은행 중에 우리가 이용하지 못하는 은행도 있어.

바로 한국은행이야. 혹시 어디서 본 적이 있지 않니?

우리가 사용하는 지폐와 동전에 '한국은행'이라는 네 글자가 쓰여

있어. 한국은행은 우리나라에서 사용하는 돈을 발행해.

우리가 일반 은행에 가서 저축을 하고 대출을 받는 것처럼

은행은 한국은행에 저축을 하고 대출도 받아.

은행이 받는 이자의 기준이 되는 기준 금리를 정하는 것도

한국은행이야. 한국은행이 은행의 은행인 셈이지.

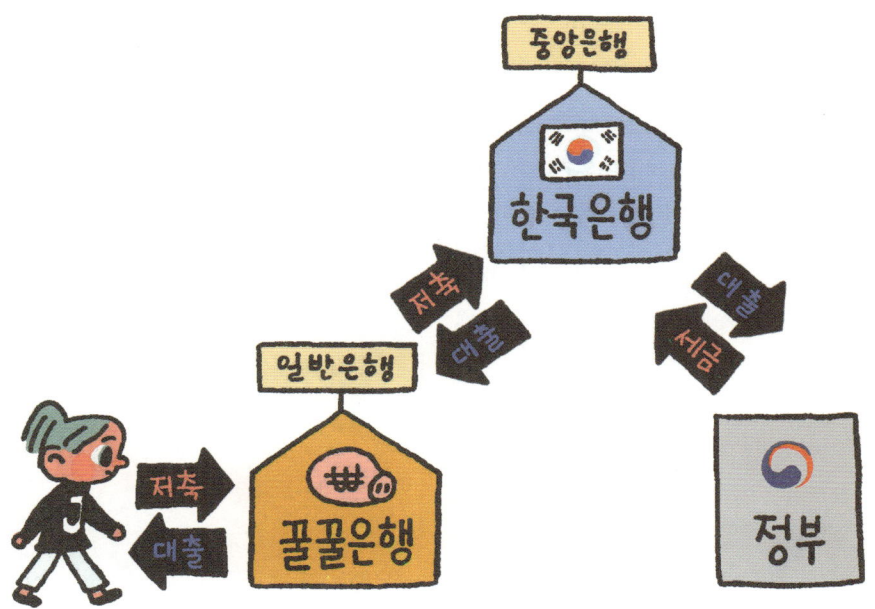

한국은행은 정부와도 거래해. 정부는 우리가 낸 세금을 한국은행에

맡겨 두었다가 찾아서 써. 정부도 필요한 돈이 모자랄 때는

한국은행에서 대출을 받기도 하지.

나라마다 우리나라 한국은행 같은 일을 하는 은행이 있어.

그런 은행을 **중앙은행**이라고 해.

# 7. 주식을 살래요

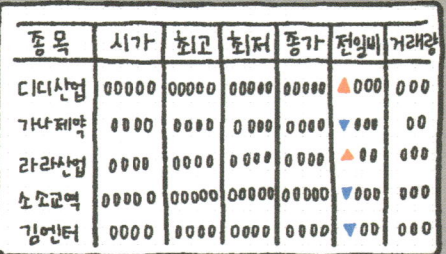

할머니 디디산업 주식을 사야겠어요. 저것 보세요. 막 오르고 있잖아요.

오르고 있다고 덜컥 사면 안 되지. 재인이 디디산업이 어떤 회사인지 아니?

아뇨. 그러고 보니 어떤 회사인지도 모르고 그 회사 주식을 사는 건 좀 아닌 것 같아요.

그렇지? 그 회사 주식을 사면 그 회사에 투자하는 거니까 어떤 일을 하는지, 좋은 회사인지 아닌지 아는 게 좋단다.

디디산업 회장이 며칠 전에 횡령 혐의로 구속되었다는구나. 회장이 마음대로 회삿돈을 빼돌린 거야.

정말요? 그런 회사에 투자할 순 없어요! 전 좋은 일을 하는 회사에 투자할래요.

에헴~. 어느 회사가 좋은 일을 하는지 살펴볼까?

회사를 운영하는 데에는 돈이 필요해.

한 사람이 회사에 필요한 모든 돈을 책임지고 경영하는 회사를 **개인 회사**라고 해.

하지만 큰 규모의 회사를 만들려면 돈이 많이 필요한데, 그 돈을 혼자 다 마련하기는 쉽지 않겠지? 그럴 땐 사람들한테 투자를 받아.

사람들은 그 회사가 성공할 가능성이 높다고 판단하면 투자를 해. 나중에 회사가 잘 되면 수익을 나눠 받기로 약속하고 말이야.

회사는 투자한 사람에게 이런 약속을 한 증거로 **주식**을 줘.

이런 회사를 **주식회사**라고 해. 회사 이름 앞이나 뒤에 '(주)'라는 표시가 붙지.

주식을 사서 주식회사에 투자한 사람을 **주주**라고 불러. 그 회사의 공동 주인이란 뜻이지.

재인이가 과자를 만드는 냠냠제과 주식을 산다고 해 보자. 냠냠제과의 주식 가격은 현재 1주에 5000원이야. 10주를 사면 5만 원을 냠냠제과에 투자한 주주가 되는 거야.

공동 주인인 주주가 되면 뭐가 좋을까?
주식회사는 일 년에 한 번 중요한 결정을 하는 **주주 총회**를 열어.
주주는 주주 총회에 참여해 경영진이 회사를 잘 운영하는지 평가도 하고, 회사 일을 결정하는 투표에도 참여할 수 있지.

그럼, 주식에 투자해서 돈은 어떻게 벌까?

냠냠제과가 열심히 일해서 돈을 벌면 주주들에게 수익을 나눠 줘.

이걸 **배당금**이라고 해.

배당금은 주주에게만 줘. 그러니까 주주가 되면 배당금을 받아서 수익을 올릴 수 있지.

주식으로 수익을 올리는 또 한 가지 방법은 주식 거래야. 냠냠제과가 '냠냠 비스킷'을 새로 팔기 시작했는데 인기가 많다면 사람들은 앞으로 냠냠제과의 가치가 올라갈 거라고 기대하겠지? 그만큼 냠냠제과에 투자하고 싶은 사람들도 많아질 거야. 그러면 냠냠제과의 주식 가격은 올라가. 5000원이던 주식이 6000원으로 오를 수도 있어. 이때 주식을 팔면 1주당 1000원씩 이익을 봐.

이렇게 생기는 이익을 **시세 차익**이라고 해. **시세**라는 것은 그때그때의 가격을 말하고, **차익**은 시세 차이로 생긴 이익을 의미하지.

그럼 주식에 투자하면 무조건 돈을 벌 수 있을까?

그렇지는 않아. 만약 냠냠제과 과자를 먹은 사람들이 식중독에 걸리거나 과자에서 몸에 해로운 물질이 발견된다면? 사람들은 더 이상 냠냠제과에 투자하고 싶지 않을 거야.

그러면 냠냠제과의 주식 가격이 떨어질 수 있어. 저축과는 다르게 돈을 잃을 수도 있지. 그래서 주식 투자를 할 때는 항상 신중해야 해!

어린이도 주식 투자를 할 수 있냐고?

물론이야. 부모님과 함께 주식을 사고파는 계좌를 만들 수 있어.

주식을 사기 전에 그 회사가 무엇을 하는 회사인지, 그동안 어떻게 회사를 운영해 왔는지 꼼꼼하게 살펴보아야 해.

또, 한 회사에 투자를 했다가 큰 손해를 볼 수 있으니 여러 회사에 나눠서 투자해야 해. 지금 당장이 아니라 그 회사의 미래 가치를 보고 오래 투자하는 것이 중요하단다!

재인이도 할머니와 의논해서 40만 원으로 어느 회사 주식을 살지 결정했어.

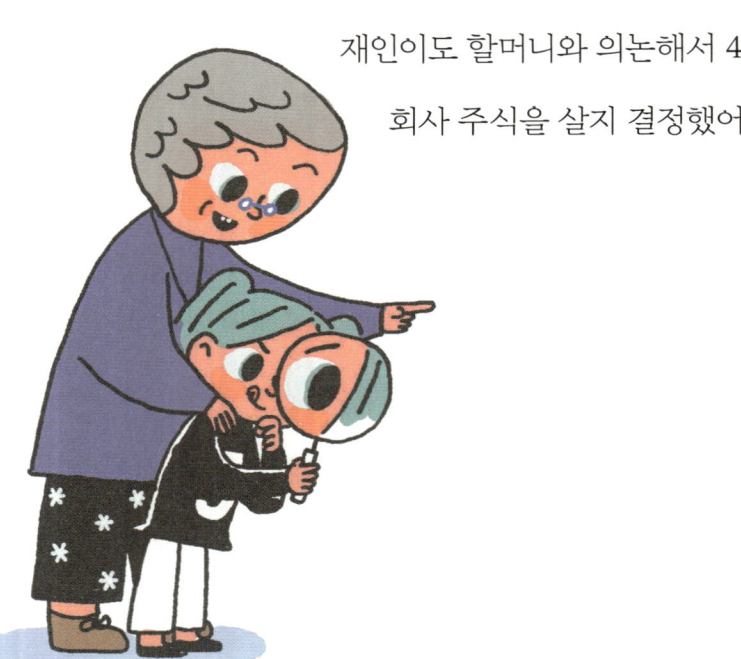

# 재인이의 주식 투자

| | 2월 7일 주식 가격 | 주문 수량 | 잔액 |
|---|---|---|---|
| **SL전자**<br>내가 사고 싶은 스마트폰 회사가 더 좋은 제품을 만들 수 있게 투자하기로 했어. | 15,000원 | 10주 | 150,000원 |
| **판엔터**<br>내가 좋아하는 티니티니 언니들이 있는 판엔터 주식도 살 거야. 티니티니 언니들이 해외에 진출한다고 하니 주식이 오르겠지? | 20,000원 | 5주 | 100,000원 |
| **MS컴퓨터**<br>이건 할머니 추천을 받았어. 할머니가 최근에 주식 가격이 떨어졌지만 튼튼한 회사라고 하셨어. 지금 사면 높은 수익을 얻을 수 있대. | 80,000원 | 1주 | 80,000원 |
| **지지음료**<br>지지음료는 기후 변화를 막기 위해 매년 수익의 5%를 기부한대. 좋은 일을 하는 기업에 투자하고 싶어. | 35,000원 | 2주 | 70,000원 |

자, 다음은 주식 계좌 만들기!

증권 회사 한 곳을 정하고, 필요한 서류를 준비해서 가까운 지점을 방문하거나 모바일로 주식 계좌를 만들 수 있어.

어린이는 부모님과 함께 만들어야 해.

1 서류 준비하기. (부모님 신분증, 부모님 스마트폰, 가족 관계 증명서, 기본 증명서 등) 증권사마다 다를 수 있으니 미리 확인해야 해.

2 증권 회사 지점 창구에 가서 미성년자 계좌 개설 신청하기 (비대면일 경우 미성년자 계좌 개설하기 버튼 누르기)

3 부모님 정보 및 어린이 정보 입력하기

6 계좌 번호 및 비밀번호 설정하기

5 (비대면일 경우) 부모님 얼굴 촬영 및 본인 계좌 및 휴대폰 명의 확인하기

4 부모님 신분증 확인하기 (비대면일 경우 사진 촬영)

7 요청하는 증명서 제출하기

8 담당 직원의 검토 후 계좌 개설 여부 확인하기

9 모바일 거래 신청 확인 후 주식 거래 시작!

# 8. 기업은 어떻게 돈을 벌어요?

기업은 돈을 벌어야 주주에게 배당금을 줘.

투자한 기업이 돈을 못 벌면 배당금을 한 푼도 받을 수 없지.

기업은 어떻게 돈을 버는 걸까?

기업은 우리가 사는 데 필요한 것을 만들어. 그걸 생산이라고 해.

기업이 생산하는 건 재화와 서비스야.

재화는 우리에게 필요한 것 중에서 눈으로 보고 손으로 만질 수 있는 물건이야. 컴퓨터, 휴대폰, 텔레비전, 옷 같은 거지.

서비스는 다른 사람을 만족시키는 행위를 가리켜. 미용사가 머리를 자르는 일, 택배 기사가 물건을 배달하는 일 같은 거야.

우리는 날마다 다양한 재화와 서비스를 이용하면서 살아.

기업은 재화와 서비스를 생산하고, 그것을 팔아서 돈을 벌어. 지지음료가 음료수를 생산하여 판매하는 과정을 볼까?

### 1. 제품 개발

지지음료는 새로운 제품을 개발 중이야. 제품 개발에는 실력 있는 연구원과 비싼 장비가 필요해.

### 2. 제품 생산

지지음료는 '망고바나나' 음료를 생산하기로 했어. 음료를 생산하려면 공장과 기계가 필요해. 망고와 바나나, 물, 설탕 같은 재료도 당연히 필요해. 음료수를 담을 캔이나 병도 있어야 하지. 그리고 생산을 담당하거나 관리하는 노동자도 필수야.

## 3. 운송

공장에서 생산한 음료를 전국 방방곡곡에 있는 판매점으로 가져다주어야 해. 트럭과 운전기사가 필요한 일이지.

## 4. 판매와 홍보

기업이 생산한 제품을 소비자에게 파는 걸 판매라고 해. 많이 팔려면 음료수를 널리 알리는 게 중요해. 지지음료는 스포츠 스타를 광고 모델로 썼어.

지지음료는 망고바나나를 팔고 소비자한테 돈을 받아.
그 돈을 **매출액**이라고 해. 많이 팔수록 매출액이 늘어나지.

> **매출액 = 제품 가격 × 판매량**

만약, 망고바나나 가격이 1000원이고, 1000개를 팔았다면
**1,000원 × 1,000개 = 1,000,000원.** 매출액은 100만 원이야.

그럼, 지지음료가 100만 원을 번 걸까? 그건 아니야.
연구원과 노동자의 월급, 망고와 바나나 같은 재료비,
기계를 돌리기 위한 전기료, 광고 모델료 등 망고바나나를
생산해서 판매할 때까지 계속 돈이 들어가.

이렇게 생산과 판매에 들어가는 돈을 **비용**이라고 해. 비용을 다
계산해 봤더니 85만 원이 들어갔어.

지지음료가 망고바나나 1000개를 팔아서 번 돈은 매출액에서
비용을 빼고 남은 15만 원이야. 이걸 **이윤**이라고 하지.

> **이윤 = 매출액 - 비용**

재인이가 받은 배당금은 이윤의 일부야.

기업은 늘 더 많은 이윤을 남기려고 노력해. 그러면서 우리에게
필요한 재화와 서비스를 공급해 주지. 그 덕분에 우리 생활이
풍족하고 편리해져.
일자리를 만들어서 사람들이 돈을 벌 기회를 주는 것도 기업의
역할이야. 또 이윤 중에서 일부를 세금으로 내서 나라 살림에도
도움을 줘. 기업이 외국에 제품을 많이 수출하면 나라 경제가
풍족해진단다.

# 9. 나도 기업가가 될래요

기업은 알면 알수록 매력적인 것 같다.
사람들에게 필요한 것을 생산하고 일자리도 마련해 주고, 나라 경제에도
도움을 준다니! 홈 아르바이트를 해서 돈을 버는 것도 좋지만 내가 직접
기업을 운영해도 재미있을 것 같다.
어떤 기업을 만들면 좋을까?
사람들이 좋아하는 음식도 만들고 싶고… 난 게임을
잘하니까 재미있는 게임을 만드는 기업?
멋진 기업가 재인! 아이디어가 너무 많아서 걱정이군!

재인이는 기업을 경영하는 기업가가 되고 싶나 봐.
우리도 기업을 운영할 수 있을까? 쉽진 않겠지만 불가능한 건 아니야.

기업가한테 가장 필요한 건 도전하는 정신이야.
스티브 잡스가 누군지는 잘 알지? 옛날에는 음악은 MP3 플레이어, 전화 통화는 전화기, 인터넷 검색은 컴퓨터로 모두 따로 했어.
그런데 스티브 잡스가 이 세 가지를 모두 할 수 있는 아이폰을 만들어 냈지.
아이폰은 나오자마자 불티나게 팔렸어.

 스티브 잡스도 쉽게 성공한 건 아니야.
당연히 몇 차례 실패를 경험했어. 심지어는 자기가 만든 회사에서 쫓겨나기도 했어. 그래도 주저앉지 않고 다시 도전해서 아이폰을 만드는 데 결국 성공했지.

우리도 한번 도전해 보자!
사업을 시작하려면 먼저 계획을 세워야 해.
어떤 사업을 할지 고르는 건 시작일 뿐이야.
만든 제품을 널리 알리고 판매하는 것까지 할 일이 정말 많아.
아주 꼼꼼하고 자세한 계획을 짜야 성공할 수 있어.

### 1. 어떤 사업을 할까?

주변 사람들한테 필요한 재화와 서비스가 무엇인지 생각해 봐. 가족과 친구들, 이웃 사람이 고객이라면 무엇을 팔 수 있을까? 평소 불편하다고 생각했던 일이나 주변 사람들이 어려워하는 일들을 떠올려 봐. 그런 곳에서 사업 아이디어가 시작되기 마련이거든.

재인이 이모는 출근하고 나면 혼자 있는 반려견이 무척 걱정이래. 재인이가 반려견 돌봄 서비스를 하려고 생각했는데 그건 이미 다른 회사에서 하고 있어.
재인이는 홈 아르바이트 경험을 살려서 반려견을 돌보면서 집안일도 함께 하기로 했어.
학교가 일찍 끝나는 날 고객 집에 방문해서 반려견과 놀아 주고 청소기로 거실 청소만 하는 거야.

## 2. 비용 계산

어떤 사업을 할지 정하면 비용을 계산해 봐야 해.
판매할 재화를 만드는 데 필요한 재료비, 일하는 사람을 고용한다면 인건비, 공장이나 사무실 임대료, 전기나 인터넷을 사용하는 비용, 재료를 옮기려면 운송비도 필요할 거야.

재인이는 혼자 사업을 할 거고, 물건을 만들 필요도 없어서 교통비만 필요해. 한 번 일할 때마다 왕복 버스비 2000원이 들어. 가까운 곳에 걸어갈 때는 이마저도 안 들겠지.

## 3. 가격 결정

비용을 계산한 다음에는 가격을 결정해. 기업은 이윤을 내야 하니까 들어가는 비용을 빼고 이윤이 얼마나 생기는지 알아봐야 해. 이윤이 많을수록 좋지만 가격이 너무 비싸면 아무도 사려고 하지 않을 거야. 반대로 너무 싸게 팔면 이윤이 적어지니까 일한 보람이 없겠지?

비슷한 서비스가 어느 정도 가격인지도 알아보았더니 반려견 돌봄 비용이 한 시간에 5000원쯤이래. 재인이는 청소도 하니까 3000원을 더하고, 차비 2000원도 고려해서 한 시간에 1만 원으로 결정했어.

### 4. 마케팅

이제 사업을 널리 알려야 해.
전단을 돌릴 수도 있고, 인터넷 광고를 할 수도 있어. 미리 써 본 사람들의 후기를 여기저기 홍보할 수도 있지.

재인이는 먼저 이모에게 무료 체험 서비스를 해 보기로 했어. 그다음에 아파트 게시판에 광고를 하고 SNS에서 사업을 홍보하기로 했어.

### 5. 판매

이제 어디에서 판매할지 알아볼 차례야.
가게를 차리거나 상품을 들고 다니며 팔 수 있어. 다른 가게에 팔아 달라고 요청할 수도 있지. 휴대폰 앱이라면 앱스토어에 올리면 돼. 직접 팔지 않을 때는 가게나 앱스토어와 이윤을 나누어야 해.

무료 체험 서비스를 받은 재인이 이모는 앞으로 월, 수, 금요일에 반려견 돌봄과 청소 서비스를 받기로 했어. 재인이는 직접 찾아가서 서비스를 판매하는 거지.

### 6. 정산

판매가 이루어지고 나면 정산을 해.
얼마나 돈을 받았는지 매출을 확인하고, 비용을 빼서, 이윤을
따져 보는 거지.

재인이는 한 달 동안 이모네 집에서 반려견 돌봄과 청소 서비스를 했어.
**매출은 1만 원 × 12회 = 12만 원,**
**들어간 비용은 차비 2000원 × 12일 = 2만 4000원,**
**강아지 간식 3000원**(충동 구매로 예상치 못한 비용이 발생했어.)

**이윤은 12만 원 – 2만 4000 원 – 3000원 = 8만 3000원이야.**

사업은 생각보다 복잡하고 할 일이 많아.

하지만 지금까지 해 보지 못했던 새로운 경험을 할 기회야.

재인이처럼 지금 할 수 있는 것부터 도전해 봐.

# 10. 무역 때문에 주식이 올랐다고?

오랜만에 주식 가격을 확인해 봤다.
지지음료 주식이 5만 원이 훌쩍 넘어 있었다.
3만 5000원일 때 샀으니까 1만 5000원 넘게 오른 거다.
난 아무것도 한 게 없는데 주식이 올라서 깜짝 놀랐다.
할머니는 지지음료 신제품이 많이 수출되기 때문이라고 하셨다.
얼마 전 판판 아이들이 신제품을 먹는 모습이 라이브 방송에
나왔다던데 그래서 주식이 오른 걸까?
돈 버는 게 참 쉬운 것 같다.

재인이가 투자한 지지음료 주식이 오른 건 수출 덕분이야.
외국에서까지 신제품이 팔리면 매출액이 늘어. 그러면 지지음료의
이윤이 늘어날 테고 주주가 받는 배당금도 많아지지.

이런 뉴스를 들은 투자자들이 지지음료 주식을 사려고 해. 그러면
지지음료 주식 가격이 올라가. 너도나도 사려고 하니까 값을 비싸게
불러도 팔리기 때문이지.
다른 물건과 마찬가지로 주식 가격도 사려는 사람이 많을 때는
오르고, 반대로 사려는 사람이 적을 때는 내려가.

다른 나라에 상품이나 서비스를 파는
것은 **수출**, 다른 나라에서 상품이나
서비스를 사는 것은 **수입**이라고 해.
수출과 수입을 합쳐서 **무역**이라고 하지.

재인이 주식이 오른 건 무역의 영향이잖아? 그런데 무역이 우리
생활에 미치는 영향은 그보다 훨씬 커.

이건 우리나라 기업이 생산하는 과자야.
과자 봉지에서 나라 이름을 찾아볼래?

호주, 말레이시아, 우크라이나, 스페인, 프랑스 이렇게 다섯 나라야.
우리가 좋아하는 과자를 만들기 위해 다섯 나라에서 재료를
수입한 거지.
과자 하나에 이 정도니까 생활에 필요한 물건들을 조사해 보면
아마 세계 지도에 있는 나라 이름이 거의 다 나올 거야.

무역이 이루어지는 이유는 나라마다 자연환경과 자원이 다르고, 기술에도 차이가 있기 때문이야.

우리나라는 석유가 나지 않으니까 수입할 수밖에 없어. 그 대신에 스마트폰을 비롯한 전자 제품을 수출하지. 우리나라 기술이 뛰어나거든.

이렇게 자기 나라에 없거나 생산할 수 없는 물건을 무역으로 교환하면 사람들의 생활이 편리하고 풍족해져.

석유를 수입할 수 없다고 상상해 봐. 연료가 없어서 자동차, 비행기, 배가 멈추는 게 다가 아니야. 스마트폰, 신발, 옷, 페트병, 장난감, 타이어, 세제, 약품도 석유가 없으면 만들지 못해.

무역이 이루어지지 않으면 지금처럼 사는 게 불가능하겠지?

요즘은 우리나라에서 만들 수 있는 제품을 수입하기도 해. 우리나라, 중국, 미국 스마트폰이 진열장에 나란히 놓여 있고, 우리나라 자동차와 수입한 자동차가 함께 도로를 달려.

세계 어디를 가든 소비자의 선택을 받기 위해 여러 나라 제품이 경쟁을 벌이지. 소비자는 다양한 제품 중에서 고를 수 있으니까 이득이야. 기업은 전 세계 사람에게 자기 상품을 팔아 큰 이윤을 남길 수 있지. 그러려면 전 세계 기업과 경쟁해서 이겨야 하겠지만 말이야.

집에 있는 물건을 살펴보면 우리 생활이 얼마나 많은 나라와 연결되어 있는지 알 수 있어.

집에서 사용하는 물건들을 어느 나라에서 만들었는지 생산지를 찾아서 적어 볼까?

| 물건 이름 | 생산한 국가 |
|---|---|
| 운동화 | 베트남 |
| 쿠키의 밀가루 | 미국, 호주 |
|  |  |
|  |  |
|  |  |
|  |  |

보통 제품 포장지 뒷면에 그 제품을 생산한 나라나 원재료를 수출한 나라의 이름이 있어.

## 11. 환율 때문에 주식이 떨어졌다고?

9월 11일 수요일　오늘의 기분

SL전자 주식 가격이 내려갔다. 할머니께서 환율 때문이라고 하셨다.

환율이 내리는 바람에 스마트폰 수출이 줄어들어서

SL전자 이윤이 줄어들었고, SL전자 주식 가격도 떨어진 거란다.

수출이 줄어서 주식 가격이 내려갔다는 건 알겠는데

환율은 말도 어렵고 뭐가 먼지 모르겠다.

지난번에는 지지음료 주식이 올라서 기뻤는데 오늘은 기분이 별로다.

주식 가격 때문에 기분이 이랬다저랬다 하면 안 되는데….

역시 아무것도 안 하고 돈을 버는 건 말도 안 되는 일인가 보다.

나라마다 쓰는 돈이 달라. 우리나라는 원, 일본은 엔, 미국은 달러, 중국은 위안, 유럽 연합은 유로를 써.

해외여행을 가서 돈을 쓰려면 우리나라 돈을 그 나라 돈으로 바꿔야 해. 이렇게 한 나라의 돈을 다른 나라 돈으로 바꾸는 걸 **환전**이라고 하지.

환전이 어떻게 이루어지는지 알아볼까?
재인이가 미국 여행 때 필요한 달러를 환전하러 은행으로 갔어.
재인이는 여행 때 10달러만 쓸 계획이야.

10달러에 1만 4000이니까 1달러에는 1400원이지.

이걸 수학 시간에 배운 방법으로 표시하면, 1달러 = 1400원.

우리 돈 1400원과 미국 돈 1달러의 가치가 같아. 1달러짜리 물건을 사려면 1400원을 내야 하지.

이렇게 자기 나라 돈과 다른 나라 돈을 교환하는 비율이 바로 **환율**이야.

환율도 물건 가격처럼 오르기도 하고 내리기도 해.

1달러에 1400원이던 환율이 1달러에 1450원이 되면 오른 거야.

1달러에 1300원이 되면 내린 거지.

1달러가 물건이라고 생각하면 이해하기 쉬워. 1달러를 살 때 내는 우리 돈 액수가 환율인 거지.

환율이 오르거나 내릴 때마다 물건 가격에 변화가 생겨.

재인이가 좋아하는 젤리는 미국에서 생산해. 미국에서는 지난달과 이번 달 모두 한 봉지에 5달러로 가격이 같아. 하지만 환율이 변하면 우리나라에서 수입해서 판매하는 가격은 달라져.

젤리를 수입하는 회사는 환율에 따라 젤리를 다른 값에 사. 환율이 1달러에 1200원일 때는 5달러짜리 젤리 한 봉지를 6000원에 사야 해. 환율이 1달러에 1300원으로 오르면 6500원을 내야 하지.

만약 환율이 오르면 젤리를 수입하는 회사는 판매 가격을 최소 500원은 올려야 손해를 보지 않겠지?

환율이 오르면 다른 물건 가격도 대부분 올라.
다 만든 걸 수입하는 물건은 당연히 젤리처럼 가격이 오르지.
우리나라에서 만드는 물건도 가격이 올라. 과자를 만들 때
여러 나라에서 재료를 수입해서 쓰잖아? 다른 물건도 대개 과자와
마찬가지로 재료를 수입해서 만들거든.

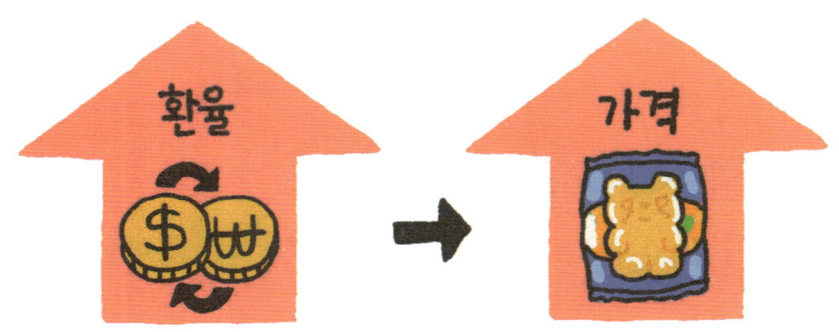

이런 일이 생기는 이유는 미국 달러가 기축 통화이기 때문이야.
**기축 통화**란 나라와 나라 사이에 거래할 때 기준으로 삼는 돈이란
뜻이야. 많은 나라가 수입할 때도 물건값을 달러로 내고, 수출할
때도 물건값을 달러로 받아.

그럼, SL전자는 환율이 내렸는데 왜 수출이 줄었을까?

SL전자 스마트폰 가격이 1대에 100만 원이야. 1달러에 1300원이던 환율이 1200원으로 내리면 어떤 일이 생길까?

SL전자 스마트폰을 수입하는 미국 회사는 환율이 1300원일 때는 약 769달러를 주고 1대를 사 갈 수 있어.

환율이 1200원일 때는 약 833달러를 주어야 1대를 살 수 있지.

## 환율이 내리면

수입 회사는 환율이 내리는 바람에 64달러(833달러 - 769달러 = 64달러)나 더 부담해야 하니까 당연히 미국 소비자한테 받는 가격을 올릴 수밖에 없겠지?

가격이 오르면 그 제품을 사려는 수요가 줄어. 소비자들은 값은 더 싼데 성능은 비슷한 미국 제품을 사려고 할 거야. SL전자 스마트폰이 미국 시장에서 덜 팔리니까 수출도 줄어들어. 그러니 주식 가격이 떨어지지.

## 환율이 오르면

환율이 오르면 반대 현상이 생겨서 수출이 늘어나.
수출을 하는 기업에는 좋은 일이지만, 물가가 오르니까
소비자한테는 손해야.
환율이 내리면 물가가 내려서 소비자한테 이득이지만 기업은
수출하기가 힘들어.

이렇게 한 가지 경제 현상이 모두에게 똑같은 영향을 주지는 않아.
그러니까 투자자라면 여러 경제 현상에 늘 관심을 가져야 하겠지?

# 12. 경쟁사가 나타났어요

스마트폰 회사가 여러 곳이라면 우리는 고민할 거야.

어느 회사 스마트폰을 사야 할까? 디자인을 살피고, 성능도 따져 보고, 가격도 비교해 보겠지.

이런 상황에서는 스마트폰 회사들이 서로 경쟁할 수밖에 없어. 회사마다 더 좋은 제품을 더 싸게 만들기 위해 노력할 거야.

같은 서비스를 제공하는 회사들도 서로 경쟁해.

은행은 예금을 늘리기 위해 더 많은 이자를 주겠다고 하겠지.

통신사는 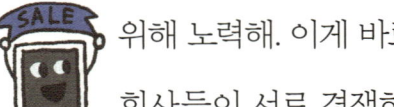 데이터를 더 주거나 포인트 이용 범위를 넓히려고 할 거야.

같은 물건을 파는 가게들끼리는 손님을 상대하는 직원에게 친절 교육도 하고 다른 가게보다 더 빨리 배달하려고 노력하겠지.

이렇게 회사들은 시장에서 더 좋은 재화와 서비스를 제공하기 위해 노력해. 이게 바로 **경쟁**이야.

회사들이 서로 경쟁하면 소비자는 이득이야. 더 좋은 재화와 서비스를 제공하는 회사를 **선택**할 수 있기 때문이지.

그런데 만약 📱 스마트폰 회사가 하나뿐이라면 어떨까? 경쟁할 상대가 없으니 그 회사는 스마트폰 성능을 높이려는 노력을 안 해도 되고 가격도 마음대로 정할 수 있어. 그래도 소비자는 어쩔 수 없이 그 회사의 스마트폰을 살 수밖에 없어.

이렇게 경쟁하는 기업이 없고 오직 한 기업만 있는 시장 상태를 **독점 시장**이라고 해. 독점 시장에서는 소비자에게 선택할 기회가 없지.

한 제품을 생산하는 회사가 몇 개밖에 없는 시장은 **과점 시장**이라고 해. 우리나라에서 자동차, 스마트폰, 이동통신 서비스를 공급하는 회사들을 떠올려 봐. 유명한 회사 몇 개씩만 떠오를 거야.
바로 과점 시장이지.

과점 시장에서도 회사들끼리 경쟁하지만 경쟁이 사라질 때도 있어. 회사들끼리 서로 짜고 가격을 함께 올리거나 하면 경쟁이 사라지지. 이럴 때도 소비자가 선택할 기회가 사라져.

독점 시장과 과점 시장을 합쳐서 **독과점 시장**이라고 해.
독과점 시장에서 소비자가 피해를 보지 않도록 정부 기관인
공정거래위원회가 늘 시장을 감시해.

예를 들어서 여러 회사 상품이 모두 비슷한 시기에 값이 오르면
공정거래위원회에서 왜 값이 올랐는지 조사해.
회사들끼리 짜고 가격을 올린 것이 확인되면 벌금을 내게 하지.
정부는 소비자 피해를 막는 법을 만들기도 해.

정부가 허락하고 보호하는 독점 시장도 있어.

수돗물, 전기, 도로처럼 누구나 생활하는 데 반드시 필요한 재화를 **공공재**라고 해. 공공재를 공급하려면 돈이 엄청나게 많이 들어. 예를 들어 수돗물은 모든 집에 수도관을 연결해야 공급할 수 있잖아. 당연히 돈이 많이 들겠지. 그냥 내버려두면 공공재 사업은 몇몇 큰 기업만 참여하는 독과점 시장이 될 거야.

기업들이 가격을 마음대로 올리거나 공급을 제대로 못 할 수도 있잖아. 그러면 수많은 사람이 생활에 곤란을 겪게 되겠지. 갑자기 전기 요금이 왕창 오르거나 수돗물이 끊긴다고 상상해 봐. 상상만 해도 아찔하지?

공공재는 국가가 소유하는 기업인 공기업만 독점하게 하고 정부가 관리해. 한국수자원공사, 한국전력공사, 한국도로공사 같은 곳이 바로 그런 공기업이야.

시장에서 경쟁하는 기업의 목표는 더 많은 이윤을 남기는 거야. 기업은 그 목표를 이루기 위해 나쁜 유혹에 빠질 수도 있어. 기업들끼리 짜고 가격을 올리거나 생산 비용을 줄이려고 환경을 파괴할 수도 있지.
우리는 소비자의 선택으로 나쁜 기업에 맞설 수 있어.
나쁜 기업의 제품과 서비스를 선택하지 않는 거지. 소비자가 외면하는 기업은 결국 망할 수밖에 없으니까.

# 13. 나의 투자는 성공했을까?

2월 10일 월요일    오늘의 기분

새해가 된 지 벌써 한 달이 지났다. 할머니의 지도를 받아 경제 공부를 하고, 투자를 시작한 지도 1년이 넘었다.

지지음료 주식은 수익률 26%를 달성해서 주식을 팔기로 했다.

좀 더 기다리면 더 많은 돈을 벌 수 있을 것 같아서 '매도'라고 쓰인 팔기 버튼을 누르기가 싫었다.

하지만 중간에 주식 가격이 떨어졌을 때는 걱정도 많이 했다.

할머니께서도 이 정도 수익률이면 매도하는 게 낫다고 하셨다.

나머지 주식 중에는 가격이 오른 것도 있고 떨어진 것도 있었다.

전체를 따져 보니 손해를 보지는 않았다.

할머니와 경제 공부를 하며 탄탄하게 계획을 짠 덕분인 것 같다.

재인이가 투자를 시작한 지 1년이 지났을 때 중간 평가를 했어.
그동안 주식 가격이 오르기도 하고 내리기도 했지.

내가 보유한 주식 가격이 오른 건 내가 투자한 돈이 늘었다는
뜻이야. 반대로 주식 가격이 내리면 내 돈이 그만큼 줄어든 거지.
재인이처럼 중간 평가를 하지 않으면 주가에 따라서 내 돈이
늘었다 줄었다 하는 걸 모르고 지나갈 거야. 그러니 중간 평가가 꼭
필요하겠지?

주식 투자에 성공하려면 내가 투자한 회사가 어떻게 돌아가는지
살펴봐야 해. 회사가 잘되어 이윤을 많이 남길 것 같으면 주식을 더
살 수도 있어. 회사에 문제가 생겼을 때는 주식을 팔지 말지 고민해
봐야겠지.
명심해! 주식을 사는 건 투자의 끝이 아니라
시작이야.

파이팅!

재인이는 '투자계획서'를 만들고 거기에 따라서 투자했어.
그때 세웠던 '투자 원칙'을 다시 살펴볼게.

### 나만의 투자 규칙

* 주식 배당금으로 받은 돈은 다시 투자하기
* 매달 마지막 날에 주식 가격 확인하고, 투자 노트 작성하기
* 투자한 회사 뉴스를 찾아보고, 특별한 소식이 있는 경우 할머니와 투자 조정하기
* 목표 수익률을 달성하면, 욕심내지 않고 주식 팔기
* 주식 가격에 기분이 왔다 갔다 하지 않기

재인이는 3년 동안 16만 원을 벌어서 수익률 20%를 달성하는 걸 목표로 투자를 시작했어. 1년 동안 재인이 투자는 성공한 걸까? 먼저, 주식 가격이 1년 사이에 어떻게 변했는지 보자.

## 재인이의 주식 투자

|  | 살 때 가격 | 현재 가격 | 수익률 | 보유 수량 | 잔액 |
|---|---|---|---|---|---|
| SL전자 | 15,000원 | 17,250원 | ▲ 15% | 10주 | 172,500원 |
| 판엔터 | 20,000원 | 18,500원 | ▼ -7.5% | 5주 | 92,500원 |
| MS컴퓨터 | 80,000원 | 86,400원 | ▲ 8% | 1주 | 86,400원 |
| 지지음료 | 35,000원 | 44,100원 | ▲ 26% | 2주 | 88,200원 |
| 투자 금액 | | | | | 400,000원 |
| 현재 잔액 | | | | | 439,600원 |
| 배당금 | | | | | 21,000원 |

재인이가 투자로 번 돈은 얼마일까?

> ① **주식**
> • 현재 잔액 439,600원 − 투자 금액 400,000원 = 39,600원
> • 배당금 21,000원
> 
> ② **정기 예금 이자** 18,000원
> 
> 합계: 주식 60,600원 + 이자 18,000원 = 78,600원

이제 수익률을 계산해 보자. 좀 복잡한 계산을 해야 하는데 투자자라면 그 정도는 해야 하지 않을까?

수익률을 구하는 공식이야.

> 수익률 = 수익 ÷ 투자 금액 × 100

재인이의 1년 투자 수익률은?

> 78,600 ÷ 800,000 × 100 = 9.825%

3년에 거둘 목표 수익률 20%를 1년 만에 반 가까이 달성했어. 이 정도면 꽤 괜찮은 편이야.

그런데 1년에 10% 가까이 수익을 냈다면 3년에 20%는 목표를 너무 낮게 잡은 게 아닐까?

중간 평가 때 반드시 할 일은 변한 상황에 맞게 투자 목표와 수익률을 조정하는 거야.

바꾼 목표에 따라서 투자 방법에 변화를 줄 필요도 있어.
아까 한꺼번에 계산했던 수익률을 주식과 정기 예금으로 나누어 비교하면 주식은 약 15%이고 정기 예금은 4.5%야.
정기 예금 대신에 그 돈으로 주식을 샀다면 전체 수익률이 더 높아지지 않았을까?

현재 보유한 주식을 어떻게 할지도 고민해 봐야 해.

가장 많이 오른 SL전자 주식은 그대로 가지고 있고, 주식 가격이 내려가 손해를 본 판엔터 주식은 팔아야 할까?

이전에 높은 수익을 낸 주식이 앞으로도 그러리란 법은 없어.

내가 보유하고 있거나 투자하고 싶은 회사가 어떻게 돌아가는지 잘 살펴보고 결정해.

아주 어려운 문제니까 부모님이나 어른의 도움을 받는 게 좋아.

# 14. 세금을 내라고요?

| 2월 14일 금요일 | 오늘의 기분 😊 😑  😤 |

오늘 엄마와 은행에 가서 정기 예금에 맡긴 돈을 찾았다.

그 돈으로 수익률이 더 높은 주식에 투자하기로 했기 때문이다.

이자가 4.5%였고 1년 동안 예금했으니 이자가 1만 8000원이다.

그래서 418,000원을 받을 줄 알았는데, 은행에서는 415,228원만 줬다.

왜 2000원 넘게 줄었지?

은행에서 일하는 분이 세금 때문이라고 알려 주셨다.

이자에서 세금을 낼 줄은 몰랐는데 너무 속상하다.

내가 속상해하는 걸 보고 엄마가 세금 낸 돈만큼 보태 주겠다고

하셨다. 원래 계획대로 투자할 수 있게 되어서 다행이다.

"소득이 있는 곳에는 세금이 있다."라는 말이 있어.

누구나 돈을 벌면 그중에 일부를 세금으로 내야 한다는 뜻이야.

재인이가 낸 세금은 소득세야.

소득은 일을 하거나 사업을 하거나 이자로 벌어들인 돈이고,

소득세는 소득에 매기는 세금이지.

재인이는 이자로 돈을 벌었기 때문에 세금을 낸 거야.

우리나라 국민이라면 모두 세금을 내야 하는 의무가 있어.

소득이 있는 사람이라면 누구나 소득세를 내야 하지.

소득이 적은 사람은 소득세도 적게 내고, 소득이 많은 사람은 소득세도 많이 내. 예를 들어, 한 해에 3000만 원을 버는 사람은 소득의 15%를 세금으로 내고, 6000만 원을 버는 사람은 24%를 내. 이렇게 세율이 점점 높아지는 세금을 누진세라고 해. 소득세는 소득이 있는 사람이 직접 세금을 내는 직접세야.

그럼, 돈을 벌지 않는 어린이는 세금을 내지 않을까?
이건 재인이가 2000원짜리 공책을 사고 받은 영수증이야.

| 판판 무인문구점 |  |
|---|---|
| **2,000원** | |
| 승인 일시 | 2024-06-11 17141,08 |
| 승인 번호 | 00720911 |
| 거래 유형 | 승인 |
| 할부 | 일시불 |
| 공급가액 | 1,819원 |
| 부가 가치세 | 181원 |
| 봉사료 | 0원 |
| 가맹점명 | 판판 무인문구점 |
| 사업자 번호 | 000-00-00000 |
| 가맹점 번호 | 0000000000 |

공급가액이 1819원이고 부가 가치세가 181원이라고 되어 있지? 공책값이 1819원이고 거기에 세금 181원이 붙었다는 뜻이야. 다시 말해서 재인이가 공책을 사면서 세금 181원을 냈다는 거지.

부가 가치세는 거의 모든 상품에 붙어.

100만 원짜리 스마트폰이든 1000원짜리 아이스크림이든

무엇인가 사면, 그 가격의 10%를 부가 가치세로 낼 수밖에 없어.

그러니까 어린이도 필요한 걸 살 때마다 자기도 모르는 사이에

세금을 내는 거란다.

소비자가 낸 부가 가치세는 상점 주인이 모아서 세무서에 내.

세금을 부담하는 사람과 세금을 내는 사람이 다르지? 이런 세금을

간접세라고 해.

부가 가치세는 세금을 내는 사람이 부자이든 가난한 사람이든

똑같이 가격의 10%를 내. 이런 세금을 비례세라고 부르지.

이렇게 거둬들인 세금은 어디에 쓸까?

우리가 다니고 있는 학교도 세금으로 세우고 운영해.

우리가 학교 운동장, 건물, 책상, 의자 그리고 교과서까지 돈을 내지 않고 이용할 수 있는 건 바로 세금 덕분이야.

도로, 안전하게 길을 건너게 해 주는 신호등, 휴식을 위한 공원, 놀이터 같은 곳도 모두 세금으로 만들고 관리하지.

불이 나면 소방관이 출동하고, 경찰관이 나서서 범죄를 예방하고 군인이 나라를 안전하게 지키잖아? 이런 서비스를 제공하는 소방관, 경찰관, 군인에게 주는 월급도 세금으로 감당하지.

세금이 없다면 이 모든 일을 각자 돈을 내고 해결해야 해. 세금 덕분에 국가는 사람들이 더 편안하고 안전하게 사는 데 꼭 필요한 중요한 역할을 할 수 있어. 그러니까 세금 내는 걸 아깝다고 생각하지 마.

# 15. 나도 경제 박사

## 학위증

이름 : 재인

위 사람은 경제 흐름을 잘 이해했습니다.

이를 바탕으로 스스로 저축과 투자를 실천하고,

미래를 계획하는 능력을 얻었으므로

어린이 경제 박사 학위를 수여합니다.

처음엔 경제에 대해 아는 게 별로 없던 재인이가 이젠 할머니도 인정한 경제 박사가 되었네!

재인이와 함께 경제 일기를 쓰면서 미래를 위해서 저축과 투자를 하고, 목돈을 어떻게 관리해야 하는지 잘 배웠을 거야.

또 우리가 사용하는 재화와 서비스를 누가 만드는지, 가격은 어떻게 결정되는지도 알았을 테고. 이 모든 일에 기업이 중요한 역할을 한다는 것도 기억나지?

나라에서 물가나 이자, 세금을 관리해서 우리나라 경제가 잘 돌아가게 한다는 사실도 알게 되었고 말이야.

무역과 환율에 대해 배우면서 우리 집, 기업, 국가, 전 세계가 경제로 이어져 있다는 것도 깨달았지.

어려울 것만 같았던 경제!
이젠 그냥 흘려보냈던 경제 뉴스도 보게 되었고, 돈을 올바르게 사용하고 미래를 준비하는 안목이 높아졌을 거야.

이제 목표를 위해 저축과 투자 계획 세우는 방법을 알았으니
조금 더 먼 미래를 위한 계획도 세워 볼까?

가슴 설레는 세계여행,
 독립해서 살 집,
운전면허를 따고 사게 될  자동차,
모두 목돈이 필요한 일이야.

지금부터 준비한다면 돈이 필요한 순간을 대비할 수 있어.
우선 미래에 어떤 돈이 필요할지, 어떻게 돈을 관리해야 할지
계획을 세워 볼까?

## 재인이의 미래를 위한 계획

| 목표 | 필요 시기 | 필요 예상 금액 | 자산 운용 계획 |
|---|---|---|---|
| 세계여행 비행기표 구매 | 대학 1학년 겨울 방학 (10년 뒤) | 800만 원 | ① 저축 매달 1만 원 (12만 원 × 10년 = 120만 원) <br><br> ② 펀드 투자 매달 1만 원 (12만 원 × 10년 = 120만 원) <br><br> ③ 세뱃돈, 특별 용돈의 30% 추가 저축 (최소 1년에 20만 원 이상 목표: 20만 원 × 10년 = 200만 원) <br><br> ④ 부족한 돈은 대학 입학 후 아르바이트로 보충 (360만 원 예상: 한 달에 30만 원씩 1년 모으기) |
| 독립 자금 마련 | 대학 졸업 후 (15년 뒤) | 5000만 원 | ① 주택 청약 저축 3만 원 (매년 36만 원 × 15년 = 540만 원) |

> 여러 회사에 나누어 투자하는 것도 분산 투자지만, 기간을 나누어서 꾸준하게 투자하는 것도 분산 투자라고 할 수 있단다!

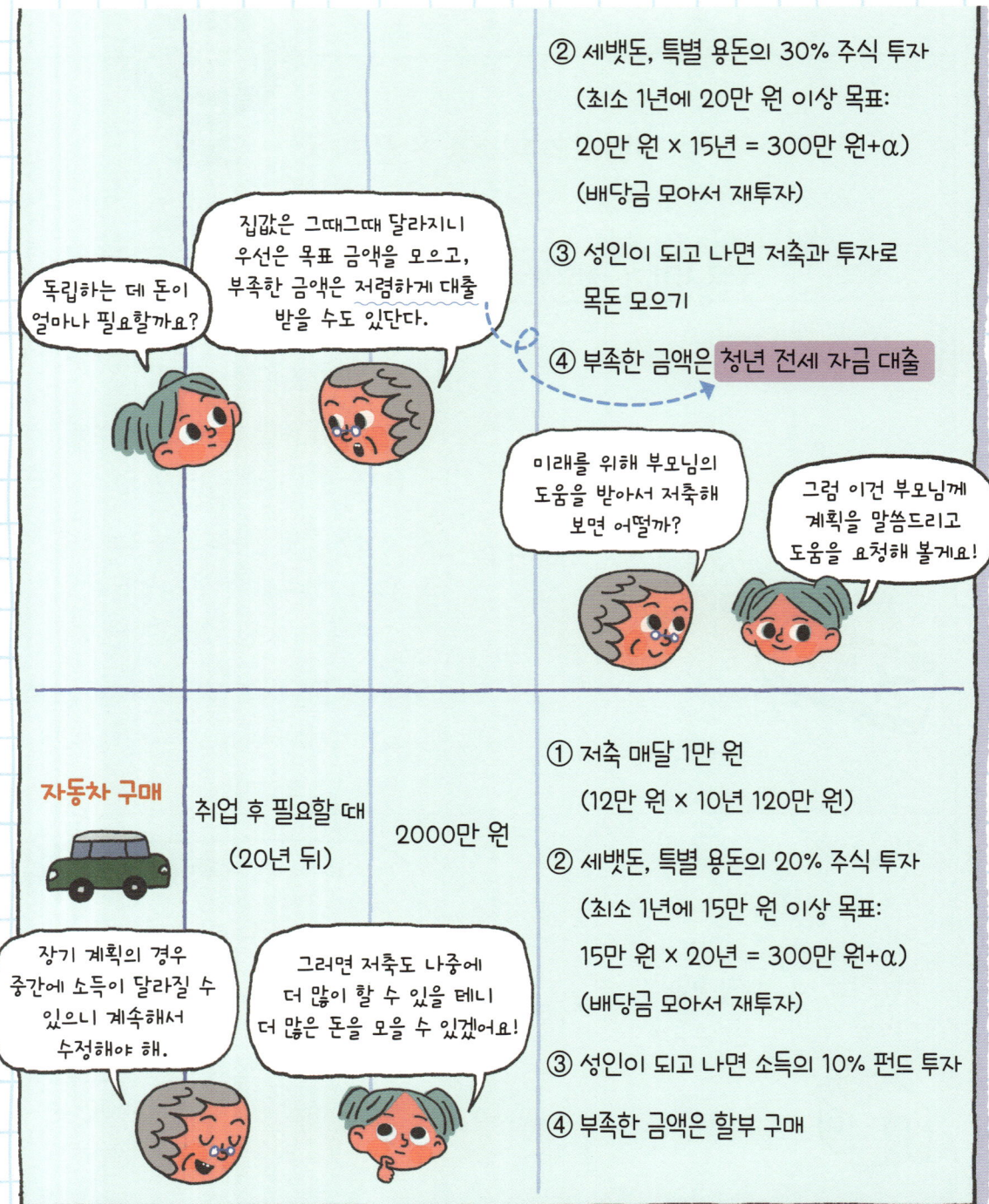

구체적인 목표와 자산 운용 계획은
중간에 바꿀 수도 있어. 하지만 중요한 건
계획을 실천하려는 마음!
10년 뒤 세계여행을 하는 모습을 상상해 보렴.
정말 신나는 일이 될 거야.

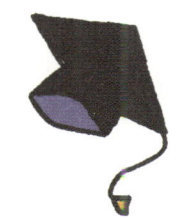

계획을 잘 따르면 지금 꾸는 꿈을 이루고, 새로운 목표에
다시 도전하는 어른이 될 테니 지금부터 잘 실천해 보자.

어린이 실전 경제 시리즈

용돈 박사 재인이 이번엔 경제다!

**초판 1쇄 발행** 2024년 10월 11일
**초판 2쇄 발행** 2025년 10월 29일

**글** 황지영 박미진 장지영 · **그림** 이창희
**펴낸이** 이선아 신동경 · **디자인** 진보라
**펴낸곳** 판퍼블리싱 · **출판등록** 2022년 9월 21일 제2022-000007호
**주소** 마포구 신촌로2길 19, 마포출판문화진흥센터 3층
**이메일** panpublishing@naver.com · **팩스** 0504-439-1681

© 황지영 박미진 장지영 이창희, 2024

ISBN 979-11-983600-9-0  74300
ISBN 979-11-983600-5-2(세트)

* 책값은 뒤표지에 있습니다.
* 잘못 만들어진 책은 구입하신 서점에서 교환해 드립니다.
* 이 책은 저작권법에 의하여 보호를 받는 저작물이므로 무단 전재와 복제를 금합니다.

이 도서는 2024년 문화체육관광부의 '중소출판사 성장부문 제작 지원' 사업의 지원을 받아 제작되었습니다.